by Tangie Marie and Cameron Purvis

Be Amazing, LLC Publishing
Youngsville, Louisiana
First Edition, October 2020

Copyright © mmxx Be Amazing, LLC Publishing 2020   Not to be reproduced.

Text Copyright © 2020 by Tangie Marie ®
Cameron Purvis Illustrations © 2020 by Cameron Purvis
*Blank Storyboard Sketchbook Featuring 4:3 Thumbnail
Panels 100 Bright White Pages* characters, names and related indicia are
trademarks of and © Be Amazing, LLC by Tangie Marie ®
owned and operated by Tangie Purvis

All rights reserved.
Published by Be Amazing, LLC Publishing, Youngsville, Louisiana
The publisher does not have any control over and does
not assume any responsibility for author or third-party websites or their content.
*Blank Storyboard Sketchbook
Featuring 4:3 Thumbnail Panels 100 Bright White Pages*
publishing rights Be Amazing, LLC

No part of this publication may be reproduced, stored in
a retrieval system, or transmitted in any form or by any means,
electronic, mechanical, photocopying, recording, or otherwise,
without written permission of the publisher. The *Blank Storyboard Sketchbook
Featuring 4:3 Thumbnail Panels 100 Bright White Pages*
is intended for inspirational and personal use only.
No part of this *Blank Storyboard Sketchbook Featuring 4:3 Thumbnail Panels
100 Bright White Pages* can be used for commercial purposes
without prior consent. For information regarding permission,
email Be Amazing, LLC by Tangie Marie ®
Attention: Permissions Department,
Be Amazing Golden Headquarters, info@tangiemarie.com

Names, characters, places, and incidents are either
the product of the author's imagination or are used fictitiously,
and any resemblance to actual persons, living or dead,
business establishments, events or locales
is entirely coincidental.

ISBN 978-1-7359472-4-2 (Paperback)

Be Amazing, LLC Publishing
Youngsville, Louisiana
First Edition, October 2020

This sketchbook belongs to:

_____

STORYBOARD PROJECT TABLE OF CONTENTS	
PROJECT TITLE	PAGE(S)

STORYBOARD PROJECT TABLE OF CONTENTS

PROJECT TITLE	PAGE(S)

STORYBOARD PROJECT TABLE OF CONTENTS	
PROJECT TITLE	PAGE(S)

STORYBOARD PROJECT TABLE OF CONTENTS	
PROJECT TITLE	PAGE(S)

STORYBOARD PROJECT TABLE OF CONTENTS	
PROJECT TITLE	PAGE(S)

Project ———————————————————————— Date ————

Artist ————————————————————————— Page ——— of ———

Description ——————————————

Copyright © mmxx Be Amazing, LLC Publishing 2020 Not to be reproduced.

Project _____ Date _____

Artist _____ Page ___ of ___

Description _____

_____
_____
_____
_____
_____
_____
_____
_____

_____
_____
_____
_____
_____
_____
_____
_____

_____
_____
_____
_____
_____
_____
_____
_____

Copyright © mmxx Be Amazing, LLC Publishing 2020   Not to be reproduced.

Project ——————————————————————————— Date ———

Artist ——————————————————————————— Page ——— of ———

Description

Project _____ Date _____
Artist _____ Page ___ of ___

Description _____

Copyright © mmxx Be Amazing, LLC Publishing 2020 Not to be reproduced.

Project ———————————————————— Date ———

Artist ———————————————————— Page ——— of ———

Description ————————————

———————————————
———————————————
———————————————
———————————————
———————————————
———————————————
———————————————
———————————————
———————————————

———————————————
———————————————
———————————————
———————————————
———————————————
———————————————
———————————————
———————————————
———————————————

———————————————
———————————————
———————————————
———————————————
———————————————
———————————————
———————————————
———————————————
———————————————

Copyright © mmxx Be Amazing, LLC Publishing 2020 Not to be reproduced.

Project _____ Date _____

Artist _____ Page ___ of ___

Description _____

Project ——————————————————————————— Date ————

Artist ——————————————————————————— Page ——— of ———

Description ——————————————————

Copyright © mmxx Be Amazing, LLC Publishing 2020 Not to be reproduced.

Project _____ Date _____

Artist _____ Page ___ of ___

Description _____

Project ————————————————————————— Date ————

Artist ————————————————————————— Page ——— of ———

Description ————————————————————

Project _____ Date _____

Artist _____ Page ___ of ___

Description

Project _____ Date _____

Artist _____ Page ___ of ___

Description _____

Project Date

Artist Page of

Description

Project _____ Date ____

Artist _____ Page ___ of ___

Description _____

Copyright © mmxx Be Amazing, LLC Publishing 2020 Not to be reproduced.

Project

Artist

Date

Page ___ of ___

Description

Copyright © mmxx Be Amazing, LLC Publishing 2020   Not to be reproduced.

Project _____ Date _____

Artist _____ Page ___ of ___

Description _____

Project _____ Date _____

Artist _____ Page ___ of ___

Description

Project _____ Date _____

Artist _____ Page ___ of ___

Description _____

Project ———————————————————— Date ———
Artist ————————————————————— Page —— of ——

Description ————

Copyright © mmxx Be Amazing, LLC Publishing 2020 Not to be reproduced.

Project ———————————————————————— Date ————

Artist ————————————————————————— Page —— of ——

Description ———————————————————

Copyright © mmxx Be Amazing, LLC Publishing 2020 Not to be reproduced.

Project _____ Date _____

Artist _____ Page ___ of ___

Description
_____
_____
_____
_____
_____
_____
_____
_____
_____

_____
_____
_____
_____
_____
_____
_____
_____
_____

_____
_____
_____
_____
_____
_____
_____
_____
_____

Project _____ Date _____

Artist _____ Page ___ of ___

Description

Copyright © mmxx Be Amazing, LLC Publishing 2020 Not to be reproduced.

Project _____ Date _____

Artist _____ Page ___ of ___

Description _____

Project _____ Date _____

Artist _____ Page ___ of ___

Description _____

Copyright © mmxx Be Amazing, LLC Publishing 2020 Not to be reproduced.

Project _____ Date _____

Artist _____ Page ___ of ___

Description _____

Project _____ Date _____
Artist _____ Page ___ of ___

Description _____

Copyright © mmxx Be Amazing, LLC Publishing 2020 Not to be reproduced.

Project

Artist

Date

Page of

Description

Copyright © mmxx Be Amazing, LLC Publishing 2020 Not to be reproduced.

Project ——————————————————————— Date ————

Artist ———————————————————————— Page ——— of ———

Description ————————————————

Project _____ Date _____

Artist _____ Page ___ of ___

Description _____

Project _____ Date _____

Artist _____ Page ___ of ___

Description _____

Copyright © mmxx Be Amazing, LLC Publishing 2020 Not to be reproduced.

Project _____ Date _____

Artist _____ Page ___ of ___

Description _____

Project ———————————————————————— Date ———

Artist ———————————————————————— Page ——— of ———

Description ——————————————

Project _____ Date _____

Artist _____ Page ___ of ___

Description _____

Project ———————————————————————— Date ———

Artist ————————————————————————— Page ——— of ———

Description ————————————————

Copyright © mmxx Be Amazing, LLC Publishing 2020   Not to be reproduced.

Project _____ Date _____

Artist _____ Page ___ of ___

Description

Copyright © mmxx Be Amazing, LLC Publishing 2020 Not to be reproduced.

Project ———————————————————— Date ———

Artist ————————————————————— Page ——— of ———

Description ————————————

Copyright © mmxx Be Amazing, LLC Publishing 2020   Not to be reproduced.

Project _____ Date _____

Artist _____ Page ___ of ___

Description

Project ———————————————————— Date ———

Artist ————————————————————— Page ——— of ———

Description ————————————

Copyright © mmxx Be Amazing, LLC Publishing 2020   Not to be reproduced.

Project _____ Date _____

Artist _____ Page ___ of ___

Description _____

Project ——————————————————————— Date ———

Artist ———————————————————————— Page ——— of ———

Description ———

Project _____ Date _____

Artist _____ Page ___ of ___

Description

Project ———————————————————————— Date ————

Artist ————————————————————————— Page ——— of ———

Description ————————————————

Project _____ Date _____

Artist _____ Page ___ of ___

Description

Project _____ Date _____
Artist _____ Page ___ of ___

Description _____

Copyright © mmxx Be Amazing, LLC Publishing 2020 Not to be reproduced.

Project _____ Date _____

Artist _____ Page ___ of ___

Description _____

Project ─────────────── Date ──
Artist ──────────────── Page ── of ──
Description ──

Project _____ Date _____

Artist _____ Page ____ of ____

Description

Project _____ Date _____

Artist _____ Page ___ of ___

Description

Project _____ Date _____

Artist _____ Page ___ of ___

Description

Project _____ Date _____
Artist _____ Page ___ of ___

Description

Project ———————————————————————— Date ————

Artist ————————————————————————— Page ——— of ———

Description ————————————

Copyright © mmxx Be Amazing, LLC Publishing 2020   Not to be reproduced.

Project _____ Date _____

Artist _____ Page ___ of ___

Description

Project _____ Date _____
Artist _____ Page ___ of ___

Description _____

Copyright © mmxx Be Amazing, LLC Publishing 2020 Not to be reproduced.

Project ———————————————————————— Date ———

Artist ————————————————————————— Page ——— of ———

Description ———————————————————

Copyright © mmxx Be Amazing, LLC Publishing 2020 Not to be reproduced.

Project _____ Date _____
Artist _____ Page ___ of ___

Description

Copyright © mmxx Be Amazing, LLC Publishing 2020   Not to be reproduced.

Project _____ Date _____

Artist _____ Page ___ of ___

Description

Project _____ Date _____

Artist _____ Page ___ of ___

Description _____

Project _____ Date _____

Artist _____ Page ___ of ___

Description _____
_____
_____
_____
_____
_____
_____
_____

_____
_____
_____
_____
_____
_____
_____
_____

_____
_____
_____
_____
_____
_____
_____
_____

Copyright © mmxx Be Amazing, LLC Publishing 2020 Not to be reproduced.

Project _____ Date _____
Artist _____ Page ___ of ___

Description

Project _____ Date _____

Artist _____ Page ___ of ___

Description

Project _____ Date _____

Artist _____ Page ___ of ___

Description _____

Project _____ Date _____
Artist _____ Page ___ of ___

Description

Project ——————————————————— Date ———
Artist ——————————————————— Page ——— of ———

Description ——————————

Project _____ Date _____

Artist _____ Page ___ of ___

Description

Project ———————————————————————— Date ————

Artist ————————————————————————— Page ——— of ———

Description ————————————————

Project _____ Date _____

Artist _____ Page ___ of ___

Description

Project ———————————————————— Date ————

Artist ———————————————————— Page —— of ——

Description ————————

Project _____ Date _____
Artist _____ Page ___ of ___
Description _____

Copyright © mmxx Be Amazing, LLC Publishing 2020 Not to be reproduced.

Project ——————————————— Date ———

Artist ——————————————— Page —— of ——

Description ———

Project _____ Date _____
Artist _____ Page ___ of ___
Description _____

Copyright © mmxx Be Amazing, LLC Publishing 2020 Not to be reproduced.

Project _____ Date _____

Artist _____ Page ___ of ___

Description _____

Project _____ Date _____

Artist _____ Page ___ of ___

Description

Project _____ Date _____

Artist _____ Page ___ of ___

Description _____

Project ——————————————————————— Date ————

Artist ———————————————————————— Page —— of ——

Description ————————

Project _____ Date _____

Artist _____ Page ___ of ___

Description _____

Project _____ Date _____

Artist _____ Page ___ of ___

Description _____

Copyright © mmxx Be Amazing, LLC Publishing 2020 Not to be reproduced.

Project _____ Date _____

Artist _____ Page ___ of ___

Description

Project _____ Date _____
Artist _____ Page ___ of ___

Description

Project ———————————————————————— Date ————
Artist ————————————————————————— Page ——— of ———

Description ———————————

Copyright © mmxx Be Amazing, LLC Publishing 2020 Not to be reproduced.

Project _____ Date ___

Artist _____ Page ___ of ___

Description

Project _____ Date _____

Artist _____ Page ___ of ___

Description _____

Project ———————————————————— Date ————

Artist ————————————————————— Page —— of ——

Description ——————————————

Project _____ Date _____

Artist _____ Page ___ of ___

Description _____

Project _____ Date _____

Artist _____ Page ___ of ___

Description

Project

Date

Artist

Page of

Description

Project _____ Date _____

Artist _____ Page ___ of ___

Description

Project _____ Date _____

Artist _____ Page ___ of ___

Description _____

Project _____ Date _____

Artist _____ Page ___ of ___

Description _____

Project

Artist

Date

Page of

Description

Copyright © mmxx Be Amazing, LLC Publishing 2020 Not to be reproduced.

Project ──────────────── Date ────
Artist ──────────────── Page ── of ──

Description ────────────

Project _____ Date _____

Artist _____ Page ___ of ___

Description

Project _____ Date _____

Artist _____ Page ___ of ___

Description

Project _____ Date _____

Artist _____ Page ___ of ___

Description _____

Project _____ Date _____
Artist _____ Page ___ of ___

Description

Project _____ Date _____

Artist _____ Page ___ of ___

Description _____

Project _____ Date _____

Artist _____ Page ___ of ___

Description _____

Copyright © mmxx Be Amazing, LLC Publishing 2020 Not to be reproduced.

Project _____ Date _____

Artist _____ Page ___ of ___

Description

Project _____ Date _____

Artist _____ Page ___ of ___

Description

Project ———————————————————— Date ———

Artist ————————————————————— Page —— of ——

Description ————————

Copyright © mmxx Be Amazing, LLC Publishing 2020 Not to be reproduced.

Project _____ Date _____

Artist _____ Page ___ of ___

Description _____

Project ———————————————— Date ———

Artist ———————————————— Page ——— of ———

Description ————————————

Thank You. . .
…for purchasing our *Blank Storyboard Sketchbook*
Featuring 4:3 Thumbnail Panels 100 Bright White Pages
Check out other sketchbooks designed
by Tangie Marie and Cameron Purvis.

Blank Comic Sketchbook 200 Bright White Pages
Blank Comic Sketchbook 100 Bright White Pages

Blank Storyboard Sketchbook
Featuring 16:9 Thumbnail Panels 200 Bright White Pages
Blank Storyboard Sketchbook
Featuring 16:9 Thumbnail Panels 100 Bright White Pages

Blank Storyboard Sketchbook
Featuring 4:3Thumbnail Panels 200 Bright White Pages

Blank Storyboard Sketchbook
Featuring 1:1 Thumbnail Panels 200 Bright White Pages
Blank Storyboard Sketchbook
Featuring 1:1 Thumbnail Panels 100 Bright White Pages

Need a children's book?
We have those too.
Check out these titles:
Alexander Ant and the Art Contest
Goodnight, Meow
The 12 Nights of Winter

Made in the USA
Middletown, DE
15 February 2021

33818608R00062